전쟁을 막고 조선을 지킨
광해군과 강홍립

글 윤영수 | 그림 김은희

초라하기 그지없는 광해군(光海君)의 묘비.(시몽포토)

명나라의 잇따른 재촉에 마침내 지원군을 보내기로 한 광해군.

그는 곧 믿을 만한 신하 강홍립을 불러 귀엣말을 건넨다.

강홍립은 군사들을 거느리고 싸움터에 나서지만

싸우는 시늉만 하다 후금에 항복을 한다.

그사이 광해군은 왕의 자리에서 쫓겨나고

조선으로 다시 돌아온 강홍립은 오랑캐로 몰려 쫓겨난다.

과연 광해군과 강홍립 이들 사이엔 무슨 일이 있었던 것일까?

차 례

조상을 궁금해하다 · 6

지원군을 요구하다 · 12

강홍립을 불러들이다 · 20

마침내 싸움에 나서다 · 27

누르하치를 만나다 · 38

 오랑캐로 손가락질 받다 · 47

조상을 자랑스럽게 여기다 · 60

◆ 광해군은 왜 쫓겨났을까? · 62

조상을 궁금해하다

제각으로 많은 사람들이 모여들고 있었다. 제각은 조상님께 제사를 지내려고 만든 넓은 대청을 말한다. 대청 앞마당에는 여기저기에서 모여든 사람들이 서로 반갑게 인사를 나누고 있었다. 아빠는 집안 어른들한테 함께 온 주하를 인사시켰다.

"참으로 갸륵하구나! 앞으로 주하 네가 커서 우리 가문을 더욱 빛내어라. 껄껄껄."

두루마기를 입고 흰 수염을 늘어뜨린 한 할아버지가 주하의 머리를 쓰다듬으며 너털웃음을 웃어젖혔다. 하지만 주하는 이곳이 불편하기 짝이 없었다. 그래서 얼른 이 행사가 끝나기만을 손꼽아 기다렸다.

'에이, 괜히 아빠를 따라와 가지고는…….'

주하는 오늘 가문의 큰 행사인 시제에 함께하고 있었다. 조상님들의 무덤도 손질하고 또 제사도 올리는 행사였다. 집안 어른들은 초등학교 4학년밖에 안 된 주하가 가문의 행사에 함께한 것을 두고 저마다 칭찬을 아끼지 않았다. 하지만 주하는 이곳의 모든 게 너무 낯설게만 느껴져 몸 둘 바를 몰랐다.

어제 수업 시간이었다. 선생님께서 갑자기 큰 소리로 현우를 불러 일으켰다. 교실 뒤에서 장난을 치던 현우가 선생님한테 딱 걸린 것이다. 선생님의 호통에 현우가 놀라서 벌떡 일어섰다.

"너 이 녀석, 허구한 날 왜 그렇게 말썽을 피워? 너 어디 박씨야?"

"예?"

현우는 선생님의 갑작스러운 질문에 어리둥절해했다.

"본관 말이야. 본관이 어디인지 몰라?"

"그게 뭔데요?"

"쯧쯧. 한심한 녀석 같으니라고. 그럼 시조는 누구야?"

하지만 현우는 도무지 무슨 말인지 모르겠다는 얼굴이었다.

"너희 가문의 맨 처음 조상이 누구냐고?"

현우는 그제야 뭔가 생각난 듯 큰 소리로 대답했다.

"예, 단군 할아버지입니다."

그 말에 교실은 온통 웃음바다가 되었다. 선생님도 어이가 없었던지 그냥 픽 웃고 말았다.

"자, 자신의 본관과 시조를 아는 사람?"

선생님의 말에 주하가 손을 번쩍 들었다.

"예, 저는 진주 강가이며 저의 시조는 강, 이 자, 식 자이십니다."

주하는 아빠한테 배운 대로 또박또박 대답했다. 그러자 선생님이 고개를 끄덕이며 웃는 얼굴로 말했다.

"그래, 주하가 아주 잘 알고 있구나."
 그때였다. 평소에 역사에 관심이 많던 치수가 빈정거리며 나섰다.
 "치, 강 씨면 오랑캐 후손인걸요, 뭐."
 그 말에 주하가 고개를 획 돌려 치수를 째려봤다. 선생님은 궁금한 얼굴로 물었다.
 "치수야, 강 씨가 오랑캐 후손이라니 그게 무슨 말이야?"
 그러자 치수가 잔뜩 으스대며 입을 열었다.
 "조선 시대 광해군 때 도원수 강홍립이 오랑캐 나라 후금과 전쟁하러 나가서는 제대로 싸우지도 않고 그냥 항복을 해 버렸거든요. 그때부터 사람들은 강홍립을 가리켜 강 오랑캐라고 했대요. 그런 강홍립이 강 씨 조상이니까, 강주하가 오랑캐 후손인 게 맞잖아요. 히히."
 "아, 난 또 뭐라고."
 선생님은 빙그레 웃으며 말을 이었다.
 "그건 꼭 그렇게만 볼 수 있는 건 아니야. 그럼 이참에 다음 수업 시간까지 광해군과 강홍립이 어떤 인물이었는지 다들 공부해 오는 걸로 하자꾸나."
 치수와 선생님 말을 듣고 나자 주하는 더욱 강홍립이 어떤 역사 인물이었는지 알고 싶어졌다.

주하는 어제 일을 생각하며 사람들을 피해 제각 뒤뜰로 갔다. 그곳엔 좁다란 오솔길이 나 있었다. 소나무 숲 사이로 난 오솔길을 몇 걸음 내딛자 넓은 터가 나타났다.

"아니, 저게 뭐야?"

산줄기를 따라 잘 다듬어진 드넓은 잔디밭에는 많은 무덤들이 있었다. 주하는 자기도 모르게 한 무덤 앞으로 성큼성큼 다가갔다. 거기에는 무덤을 지키는 문인석과 무인석이 서로 마주보고 서 있었다.

"아, 날씨 좋다!"

주하는 무덤 앞 잔디에 누워 하늘에 두둥실 떠가는 구름을 바라봤다. 그때였다. 갑자기 주하 바로 옆에 있던 무인석이 꿈틀하더니 펑하고 터지는 소리가 났다. 그와 함께 갑옷을 입고 큰 칼을 옆에 찬 한 장수가 나타나더니 큰 소리로 외쳤다.

"어서 오너라!"

"누, 누구세요?"

주하가 깜짝 놀라서 물었다.

"내가 바로 네 조상인 강홍립이다. 과연 내가 오랑캐였는지 아닌지를 너한테 제대로 보여 주마. 자, 나를 따라오너라!"

목소리를 쩌렁쩌렁 울리며 강홍립 장군이 주하의 허리를 휙 감쌌다.

후금의 힘을 엿볼 수 있는 화려한 선양 고궁의 모습!

오늘날에도 선양(瀋陽) 시내엔 후금의 누르하치가 세운 왕궁이 옛 모습 그대로 남아 있어요. 원래 명나라 땅이던 선양을 차지한 후금은 이곳을 새로운 도읍으로 정하고, 이처럼 크고 화려한 왕궁을 지어요. 광해군은 바로 이 후금과 상국인 명나라 사이에서 숨 가쁘게 줄타기 외교를 펼치지요. (시몽포토)

지원군을 요구하다

모화관 앞마당에는 많은 조선 대신들이 숨을 죽인 채 서 있었다. 이윽고 풍악이 울리자 화려한 행렬이 모화관 마당으로 들어섰다.

"황제의 명을 받들고 온 명나라 사신이오! 어서 예를 갖추시오!"

쩌렁하게 울리는 그 소리에 따라 조선 대신들은 모두 고개를 조아렸다. 사신은 가마를 탄 채 조선 임금이 기다리고 있는 쪽으로 다가갔다. 대신들은 그 모습을 지켜보며 분한 마음에 입술을 지그시 깨물었다. 하지만 그것이 상국인 명나라를 받드는 조선의 법도였다. 명나라 사신은 명 황제와 다름없는 대접을 받았던 것이다. 모화관은 바로 명의 사신을 맞이하는 곳이었다.

명나라 사신은 가마 위에서 잔뜩 거드름을 피우며 대신들이 두 줄로 나란히 서 있는 한가운데를 천천히 지나갔다. 그 끝에는 조선 임금 광해군이 계단 아래까지 내려와 명나라 사신을 맞이하고 있었다.

"어서 오시오. 먼 길 오시느라 애쓰셨습니다."
"에헴, 중요한 이야기가 있으니 어서 안으로 들어갑시다."
 명나라 사신은 광해군의 인사를 받는 둥 마는 둥 모화관 안으로 앞서 들어갔다. 광해군은 서두르는 사신의 모습을 보자 왠지 꺼림칙했다.
"뭐라고요? 군사를 보내라고요?"
 광해군이 놀란 얼굴로 눈을 동그랗게 뜬 채 사신을 바라보았다.
"그렇소. 지금 북쪽의 오랑캐 후금이 우리 명나라를 넘보고 있어 이들을 치려고 하오. 그러니 조선에서는 서둘러 군사를 보내시오. 이는 황제 폐하의 명령이니 반드시 받들어야 할 것이오."
 사신은 꼿꼿하게 명 황제의 지시를 전달했다.
"하지만 아시다시피 조선은 왜적과 오랜 전쟁으로 아직도 큰 어려움을 겪고 있습니다. 그런데 또다시 후금과 전쟁을 치르러 군사를 보내라는 건 조선을 두 번 죽이는 거나 마찬가지입니다."
 광해군의 말에 사신은 이맛살을 찌푸리며 뇌까렸다.
"에헴, 그건 내 알 바 아니오. 난 그저 황제 폐하의 명을 받들고 왔을 뿐이오."
 만주 지역에서 차츰 힘을 키워 온 후금은 바야흐로 명나라를 넘볼 만큼 그 힘이 무척 세졌다. 그러자 명나라는 더 늦기 전에 후금을 치기로 하고, 조선한테 지원군을 요구해 왔다.
'아, 대체 이 일을 어찌하면 좋단 말인가?'

광해군은 깊은 고민에 빠졌다. 임진왜란이 끝난 지 이제 스무 해 남짓 되었다. 하지만 아직도 조선에는 전쟁의 아픔이 곳곳에 남아 있었다. 궁궐은 불타 버리고 논밭은 못 쓰게 돼 굶주림에 시달리는 백성들이 한둘이 아니었다.

선조의 후궁인 공빈 김씨의 둘째 아들로 태어나 어렵게 왕의 자리에 오른 광해군은 나라의 기틀을 다시 세우는 데 밤낮없이 매달렸다. 그런데 느닷없이 전쟁의 아픔이 채 가시기도 전에 명나라가 후금과 전쟁을 치른다며 지원군을 요구해 온 것이다.

"설마 조선이 우리 명나라의 은혜를 잊은 건 아니겠지요?"

명나라 사신이 광해군을 빤히 바라보며 입을 열었다. 사신이 말하는 은혜란 다름 아닌 임진왜란 때 명나라가 조선을 도우러 지원군을 보내 온 것을 말했다.

"어찌 그 은혜를 잊을 수가 있겠소이까? 지금도 과인과 우리 백성들은 명나라의 은혜에 크게 고마워하고 있소이다."

"그럼 이야기가 끝났군요. 조선은 한시바삐 지원군을 우리 명나라로 보내 주시오. 군사는 많으면 많을수록 좋소이다."

"지원군을 보내려면 이것저것 준비할 게 한두 가지가 아닙니다. 그러니 조금만 더 시간을 주십시오."

"좋소이다. 내 돌아가서 황제 폐하께 조선이 곧 군사를 보내기로 했다고 아뢰겠소. 그러니 서둘러 준비하시오."

명나라 사신은 광해군한테 거듭 다짐을 받고는 자리에서 물러났다. 사신이 명나라로 떠난 뒤, 광해군은 곧바로 대신들을 불러 놓고 어전 회의를 열었다. 광해군은 대신들을 둘러보며 입을 열었다.

 "이 일을 어찌하면 좋을지 경들의 생각을 말해 보시오."

 그때였다. 늙은 대신 하나가 고개를 들더니 힘겹게 입을 뗐다.

 "전하, 명나라는 우리 조선한테 큰 은혜를 베푼 나라이옵니다. 마땅히 그들의 요구를 들어주어야 할 것입니다."

 그러자 뒤쪽에 앉아 있던 젊은 대신 하나가 가로막고 나섰다.

 "전하, 돌아가는 형편을 잘 살피셔야 하옵니다. 지금 명나라는 마치

지는 해와 같고, 반대로 후금은 빠르게 떠오르는 해와 같습니다. 그러니 굳이 후금과 관계를 나쁘게 가져가서는 아니 될 것입니다."

그 말이 끝나기가 무섭게 여기저기서 한마디씩 거들고 나섰다.

"하지만 명나라는 대대로 우리 조선의 상국이었습니다. 또한 임진왜란 때는 지원군을 보내 우리를 크게 도와준 나라입니다. 마땅히 우리도 지원군을 보내야만 합니다."

"아니 될 말입니다. 명나라에 지원군을 보냈다가 자칫 나중에 후금한테 큰일을 겪게 될 것입니다."

"그렇다고 명나라를 배신할 수는 없는 노릇입니다."

대신들이 옥신각신하는 모습을 지켜보던 광해군이 무겁게 입을 뗐다.

"그만들 하시오!"

그러자 대신들이 쥐 죽은 듯 조용해졌다.

"이 일은 쉽게 결정을 내릴 일이 아니니 시간을 갖고 좀 더 생각해 봅시다. 그러니 오늘은 그만 물러들 가시오."

대신들이 모두 물러나자 광해군은 홀로 용상에 앉아 깊은 생각에 빠졌다. 한참을 그러고 나더니 광해군이 내관을 불렀다.

"강홍립을 들라 하라!"

광해군이 오랜 생각 끝에 떠올린 강홍립은 과연 누구일까?

역사스페셜박물관

모화관(慕華館)

모화관은 조선 시대에 중국 사신을 맞이하던 곳이에요. 모화관 앞엔 영은문(迎恩門)을 세웠지요. 중국 사신이 올 때는 왕세자가 직접 모화관에 나가 맞이했다고 해요. 1894년 청일 전쟁 때 없어졌다가 1896년 독립협회에서 영은문 자리에 독립문을 세우고 이름을 독립관이라 고치고, 독립 정신을 북돋우는 곳으로 쓰였답니다. 왼쪽은 서울 서대문구에 있는 독립문의 모습. (시몽포토)

광해군의 분조 활동

분조(分朝)란 조정을 나눠 갖는다는 뜻이에요. 1592년 임진왜란이 터지자 선조는 서둘러 의주로 피난을 떠나는데, 이때 왕세자 광해군은 임시 정부라고 할 수 있는 분조를 이끕니다. 그러면서 광해군은 황해도와 함경도 일대의 전쟁터를 누비고 다니며 백성과 병사들을 북돋우고, 나중에 한양을 되찾은 뒤에도 남쪽으로 밀려 내려가는 왜군을 쫓아 충청도와 전라도 일대에서 잇따라 분조 활동을 펼친답니다.

경운궁 즉조당

서울 광장 옆에 자리하고 있는 경운궁(덕수궁)은 광해군과 인연이 깊은 곳이에요. 광해군이 왕의 자리에 오르는 즉위식을 한 곳이 바로 경운궁 안 즉조당(卽祚堂)이기 때문이지요. 그런데 그때 이곳은 제대로 된 궁궐이 아니라 양반집을 고쳐 만든 임시 궁궐이었어요. 임진왜란으로 경복궁과 창덕궁이 잿더미가 돼 버려 광해군은 어쩔 수 없이 이곳에서 즉위식을 치렀지요. (시몽포토)

강홍립을 불러들이다

'아, 드디어 올 것이 오고 말았구나!'

어명을 받은 강홍립의 가슴이 덜컥 내려앉았다. 광해군이 왜 자기를 부르는지 알고 있었기 때문이다. 강홍립은 명나라 사신이 다녀간 뒤로 줄곧 머리를 싸매고 깊은 고민에 빠져 있었다. 그러다 마침내 광해군의 부름을 받은 것이다.

선정전으로 가는 강홍립의 발걸음은 천근만근 무거웠다. 선정전은 임금이 신하들과 나랏일을 주로 의논하던 곳이었다. 이런저런 생각에 잠긴 채 강홍립이 선정전 앞뜰에 이르렀다.

"전하, 강홍립 대령이옵니다."

내관의 말이 끝나기가 무섭게 광해군이 큰 소리로 말했다.

"어서 안으로 들라 하라!"

강홍립은 곧장 안으로 들어서서 광해군한테 절을 올렸다.

"전하, 부르셨습니까?"

"어서 이리 가까이 오시오."

좀 전과는 달리 광해군의 목소리는 착 가라앉아 있었다. 강홍립이 무릎걸음으로 가까이 다가가자 광해군은 한동안 말없이 강홍립을 바라보았다. 안 본 사이 강홍립은 머리와 수염이 온통 허옇게 세어 무척 늙어 보였다. 그도 그럴 것이 그의 나이 올해로 쉰여덟이었다. 마침내 광해군이 무겁게 입을 열었다.

"경도 들어서 잘 알고 있겠지만, 지금 우리 조선은 큰 어려움에 빠져 있소이다."

"전하, 황공하옵니다."

강홍립이 머리를 조아리며 대꾸했다.

"그래, 경의 생각은 어떠하오?"

강홍립은 가슴이 뜨끔했다. 자신도 아직 어찌해야 할지 마음을 못 정하고 있었기 때문이다.

"전하, 이 모든 게 힘없는 나라의 설움입니다."

그 말에 광해군은 씁쓸한 웃음을 띠며 고개를 끄덕였다. 광해군은 아버지 선조와 임진왜란을 겪으면서 나라가 힘이 없으면 얼마나 끔찍한 일이 벌어지는지 온몸으로 느꼈다. 그래서 선조의 뒤를 이어 왕의 자리에 오른 광해군은 다시는 조선 땅에 전쟁이 일어나서는 안 된다는 생각으로 밤낮없이 나라의 힘을 다지는 데 애써 왔다.

그 덕분에 이제 막 기틀이 잡히려 하는데, 또다시 전쟁의 소용돌이에 휩쓸린 것이다.

"그러니 어찌하면 좋겠냐 말이오?"

"전하, 지금으로선 달리 뾰족한 방법이 없으니 먼저 명의 요구를 받아들이십시오."

"정녕 그 길밖에 없단 말이오?"

광해군이 애처로운 눈빛으로 말했다.

"그래 놓고는 될 수 있는 대로 시간을 끌어야 합니다. 어차피 군사를 모으고 훈련을 시키려면 적잖은 시간이 들 수밖에 없습니다. 그러는 사이에 명과 후금이 어떻게 될지 누가 알겠습니까?"

"흐음……."

강홍립의 말을 다 듣고 난 광해군은 길게 한숨을 내쉬었다. 광해군이 생각하기에도 지금은 그 방법이 가장 좋을 것 같았다.

다행히 명나라도 조선의 형편을 헤아려 시간을 좀 더 주기로 했다. 하지만 그 뒤에도 명나라의 재촉은 끊이지 않았다.

어느덧 한 해가 훌쩍 지나갔다. 이제 조선도 더는 시간을 끌 수만은 없었다. 조정 대신들의 성화도 날로 높아 갔다. 명나라와의 의리를 더 좇아야 한다는 조정 대신들이 갈수록 늘어났던 것이다.

"전하, 한시바삐 어명을 내리소서. 어서 명나라에 지원군을 보내 조선이 의리를 목숨보다 귀하게 여기는 나라란 걸 알리십시오."

"그러하옵니다. 더 시간을 끌다가는 조선한테도 결코 도움이 되지 못할 것입니다."

"명나라는 선대 왕 때부터 부모의 나라로 받들어 왔습니다. 그러니 조금도 망설여서는 안 될 것입니다."

대신들의 말을 들을 때마다 광해군은 그저 답답하기만 했다. 그들한텐 명분과 의리만 중요할 뿐 이 나라 조선의 운명을 헤아리는 눈은 없었던 것이다.

그와 함께 강홍립의 고민도 날로 깊어 갔다. 언제까지 마냥 이대로 시간만 보낸다고 될 일이 아니었기 때문이다. 그래서 강홍립은 마침내 광해군을 찾아갔다.

"전하, 이제 더는 시간을 끌 수가 없습니다. 그러니 어서 명나라로 지원군을 보내십시오."

"아, 이렇게 우리 군사들을 죽음으로 내몰아야 한단 말인가!"

광해군은 못내 안타까운 얼굴로 내뱉었다.

"전하, 너무 걱정하지 마십시오. 그 대신 소신이 직접 군사들을 이끌고 가겠습니다."

그 말에 광해군이 펄쩍 뛰었다.

"아니, 뭐라고요?"

"전하, 그리 놀라실 것 없습니다."

"늙은 몸을 이끌고 경이 어찌 그 먼 길을 간다 말이오!"

"하지만 소신만 한 사람을 찾기가 쉽지 않을 것입니다. 소신은 명나라 말을 할 줄 아는 데다가 그쪽 지역을 누구보다 잘 알고 있습니다."

광해군은 한동안 말이 없었다. 강홍립 또한 아무 말 없이 그대로 있었다. 이윽고 광해군이 입을 열었다.

"좋소이다. 경의 뜻이 굳이 그러시다면 그리 하시오. 하지만 이 말만은 꼭 가슴에 새겨 두기 바라오."

그러면서 광해군은 무겁게 입을 뗐다.
"어떠한 일이 있어도 우리 군사들의 목숨을 헛되이 잃게 해서는 안 되오. 아시겠소?"
"네, 전하! 소신 목숨을 걸고 전하의 깊은 뜻을 받들겠습니다."
강홍립은 머리를 조아리며 큰 목소리로 말했다. 더 긴 말이 필요 없었다. 두 사람 사이엔 벌써부터 똑같은 마음이 자리를 잡고 있었기 때문이다.

역사스페셜 박물관

전쟁만은 막아야 해!

창덕궁 인정전

광해군은 왕의 자리에 오르자마자 임진왜란으로 잿더미가 된 창덕궁을 다시 세워, 덕수궁에서 이곳 인정전(仁政殿)으로 자리를 옮겨 나랏일을 봅니다. 나라 살림이 어려운 가운데서도 광해군이 이처럼 궁궐을 짓는 데 애쓴 까닭은, 왕의 힘을 굳게 다지고 나라를 튼튼히 하여 전쟁으로 무너질 대로 무너진 조선을 다시 일으켜 세우려는 뜻이 컸기 때문이지요. (시몽포토)

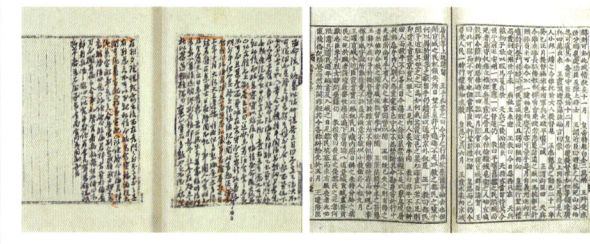

《광해군 일기》

조선 오백 년의 역사를 기록한 실록 가운데 광해군 때의 기록만 실록이란 이름 대신 일기로 남아 있어요. 그리고 왕자 때 일컫던 이름인 광해군을 그대로 쓴 것은 한마디로 임금으로 여기지 않는다는 것이지요. 게다가 중간 수정본에는 자세히 적혀 있던 광해군의 분조 활동이 완성본에는 아예 없어져 버렸어요. 이로 보아 광해군이 조선 시대 내내 임금으로서 인정을 못 받았다는 것을 알 수 있어요. (규장각 한국학연구원)

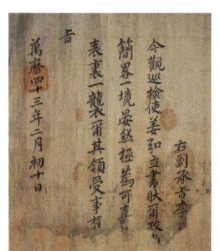

강홍립(姜弘立)

강홍립은 원래 문과에 급제한 문관으로서 명나라에 서장관(오늘날의 외교관)으로 다녀오기도 했어요. 그러다가 무관으로서 함경도 병마절도사를 하면서 이웃한 후금을 잘 알 수 있었지요. 광해군이 강홍립한테 명나라 지원군 총사령관인 도원수를 맡긴 것은 이처럼 명나라와 후금 두 나라를 두루 꿰고 있었기 때문이에요. 왼쪽은 1614년 광해군이 강홍립한테 순검사(오늘날 국방부 특별감찰단) 벼슬을 내린 교지(敎旨). (진주 강씨 사적연구회)

마침내 싸움에 나서다

멀리서 귀청을 울리는 총소리와 숨 가쁜 말 울음소리가 뒤엉켜 들려왔다. 고개 저 너머에서 전투가 벌어지고 있는 듯했다. 군사들을 이끌고 맨 앞에서 말을 타고 가던 강홍립이 손을 높이 들었다. 그러자 군사들이 모두 멈춰 섰다.

"장군, 왜 멈추는 게요?"

부장 김응하가 강홍립한테 다가와 물었다.

"잠깐 기다려 보게."

"장군, 지금 명나라와 후금의 군사들이 서로 뒤질세라 밀어붙이고 있습니다. 이 틈을 노려 우리가 후금의 뒤를 친다면 어렵지 않게 이길 수 있습니다. 그러니 멈추지 말고 어서 가시지요."

"잠깐, 잠깐만 기다리게!"

강홍립은 서둘러 김응하를 말렸다.

"장군, 그러다가 군사들의 사기가 떨어지면 어쩌려고 그러시오?"
"그대는 내가 겁이 나서 그런다고 생각하는가?"
 강홍립이 김응하를 쏘아보며 말했다. 그러자 김응하가 멈칫하며 입을 닫았다. 그때였다. 고개 너머에서 한 무리의 명나라 군사들이 쫓겨 오고 있었다. 그 모습을 보자 조선군들이 술렁였다.
"명나라 군사들이 후금한테 졌나 봐."
"후금군이 세다더니 정말인가 보네."

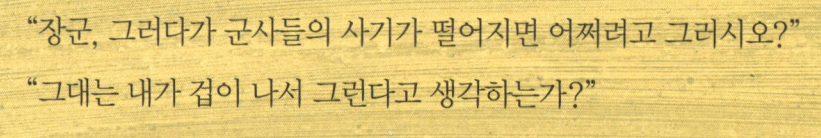

그때 갑자기 강홍립이 큰 소리로 명령했다.

"모든 군사들은 뒤로 물러나라!"

그렇게 강홍립은 후금군과 아예 싸워 볼 생각도 않고 군사들을 물렸다. 그 일이 있고 나서 곧바로 강홍립의 막사로 명나라 장수가 찾아왔다. 그러고는 강홍립한테 왜 같이 싸우지 않았는지를 따지고 들었다. 그러자 강홍립이 차분히 입을 열었다.

"우리 군사들은 두 달이 넘게 이곳까지 먼 길을 쉬지 않고 달려왔소. 장수로서 내 어찌 지칠 대로 지쳐 있는 군사들을 무턱대고 싸움에 내몰 수 있겠소?"

"하지만 조선군은 우리 명나라를 도우러 온 지원군이 아닌가? 그런데도 어찌 명나라 군사들이 후금한테 쫓기고 있는데도 그냥 모른 체할 수 있단 말인가?"

명나라 장수의 목소리는 노여움으로 가득 차 있었다.

"그건 그렇게 볼 일이 아닌 듯하오. 힘센 명나라 군사들도 쫓겨 오는 마당에 섣불리 조선군이 나섰다간 그야말로 개죽음밖에 더하겠소? 그건 두 나라의 앞날을 생각해서도 결코 바람직한 일이 아닐 것이오."

그 말에 명나라 장수도 할 말을 잃었다. 하지만 곧 눈을 부릅뜨고 힘주어 말했다.

"좋소이다! 그렇다면 내일 전투에는 반드시 조선군이 앞장서시오. 우린 그리 알고 그만 돌아가겠소."

명나라 장수들이 돌아가고 난 그날 밤, 강홍립은 부장 김응하와 함께 군사들이 묵고 있는 막사를 둘러봤다. 오랫동안 먼 길을 오느라 지친 군사들은 다들 깊은 잠에 빠져 있었다. 그런데 한 막사 앞을 지나가는데 이상한 소리가 들렸다. 강홍립이 멈칫하더니 칼을 뽑아들고 김응하와 함께 막사 뒤로 돌아갔다. 거기에는 조선 군사 하나가 쪼그려 앉은 채 훌쩍이고 있었다.

"웬 놈이냐?"

김응하가 소리를 치자 훌쩍이던 병사가 깜짝 놀라 벌떡 일어났다.

"네 이놈, 여기가 어디라고 눈물을 보이느냐?"

김응하가 훌쩍이던 병사를 쏘아보며 크게 호통을 쳤다.

"그만하게. 그래, 네 이름이 무엇이냐?"

강홍립이 그 병사를 바라보며 나지막이 물었다.

"예, 저는 쇠돌이라고 합니다요."

"그래, 어쩐 일로 우는 게냐? 힘들어서 그러느냐?"

"그런 게 아니라 고향에 두고 온 병든 어머니가 걱정이 돼서……."

강홍립이 그런 쇠돌이를 물끄러미 바라보더니 천천히 입을 뗐다.

"너무 걱정 마라. 꼭 다시 고향으로 돌아갈 수 있을 것이다."

그러자 쇠돌이는 그제야 얼굴 가득 웃음을 띠며 말했다.

"장군님, 정말 고맙습니다요."

강홍립 또한 얼굴에 엷은 웃음을 띠며 천천히 발걸음을 옮겼다.

다음 날, 또다시 전투가 벌어졌다. 하지만 이번엔 강홍립도 어쩔 수 없어 명나라를 도와 싸우러 나갔다. 명나라는 네 군데로 나눠 후금을 치기로 했는데, 조선군은 언덕으로 가로놓인 남동쪽을 맡기로 돼 있었다. 조선군이 고갯마루에 올라서자 저 아래 벌판에서는 벌써 명나라군과 후금군이 일진일퇴를 거듭하고 있었다.

"장군, 이제야말로 후금군을 칠 좋은 기회입니다."

부장 김응하가 강홍립한테 다가와 말했다.

"조금만 더 지켜봅시다."

"아니, 또 더 지켜보다니요? 장군께서 정 그러시면 저라도 먼저 나가 싸우겠습니다."

그 말을 마치자마자 말릴 틈도 없이 김응하는 삼천의 군사를 이끌고 쏜살같이 적진으로 뛰어들었다. 강홍립은 그 뒷모습을 애처로운 눈길로 바라보았다.

'아, 저렇게 아까운 목숨을 내던져선 안 되는데…….'

김응하와 군사들은 있는 힘을 다해 싸웠다. 후금군은 갑자기 나타난 조선군의 공격에 움찔했다.

"자, 모두 거침없이 공격하라!"

김응하의 우렁찬 목소리에 사기가 오른 조선 군사들은 주저없이 후금군 깊숙이 쳐들어갔다.

'아니, 저렇게 마구 적진 속으로 들어가서는 안 되는데…….'

언덕 위에서 조바심을 내며 지켜보고 있던 강홍립이 이윽고 큰 목소리로 명령을 내렸다.

"자, 우리도 공격이다!"

그대로 놔뒀다간 김응하와 군사들이 큰 어려움에 빠질 게 뻔했던 것이다. 강홍립은 적진으로 내달리면서도 명나라군을 주의 깊게 살폈다. 그런데 명나라 군사들이 후금군한테 힘없이 뒤로 밀리고 있었다.

'큰일이야. 이 싸움은 이길 수 있는 싸움이 아니야.'

강홍립은 속이 타 들어갔다. 설상가상으로 김응하가 이끄는 군사들이 후금군한테 빙 둘러싸였다.

"두려워 말고 끝까지 싸워라!"

그러면서 김응하는 곧장 내달려 후금 군사들을 닥치는 대로 쓰러뜨렸다. 그 모습을 본 조선 군사들도 김응하를 따라 앞으로 나아갔다. 그 가운데는 어젯밤 막사 뒤에서 혼자 훌쩍이다가 강홍립을 만났던 쇠돌이도 함께 싸우고 있었다. 쇠돌이는 겹겹이 둘러싼 후금군을 보면서 속으로 울부짖었다.

'아, 더는 오갈 데가 없구나! 이렇게 된 바에야 끝까지 싸우다 죽겠다. 어머니, 나중에 저승에서 꼭 다시 만나요!'

마음을 굳게 다진 쇠돌이는 긴 창을 마구 휘두르며 앞으로 나아갔다. 그때였다.

"으악!"

적들과 맞서 싸우고 있던 김응하가 후금군의 칼을 맞고 쓰러졌다.
"앗! 장군."
쇠돌이가 그 모습을 보고 깜짝 놀라 소리쳤다. 잠깐 가쁜 숨을 몰아쉬던 김응하는 끝내 눈을 감고 말았다. 그러자 금세 조선 군사들의 사기는 땅에 떨어졌다.

하지만 쇠돌이는 아랑곳하지 않고 나아갔다.

"자, 오너라! 마지막까지 내가 네 놈들을 상대해 줄 테니……."

쇠돌이의 창은 어느새 피투성이로 얼룩졌다. 바로 그때였다.

"멈춰라!"

갑자기 어디선가 큰 목소리가 쩌렁 울리는가 싶더니 후금군이 바삐 뒤로 물러났다. 쇠돌이와 조선 군사들은 영문을 몰라 눈을 동그랗게 뜬 채 고개를 갸웃했다.

역사스페셜박물관

허투알라 성

중국 랴오닝 성 신빈현은 후금의 첫 도읍지였어요. 이곳 시내엔 후금이 건국할 때 세웠던 성이 그대로 남아 있어요. 허투알라 성이 바로 그것이지요. 그때 후금의 지도자 누르하치는 이곳에 머물며 명과의 전쟁을 지휘했다고 해요. 압록강을 넘어 지원군으로 온 조선군은 명나라와 함께 이 성을 치기로 돼 있었어요. 그런데 먼저 싸우러 나간 명나라군이 후금한테 크게 지고 돌아오자, 조선군은 곧바로 후금한테 항복을 해 버려요. (Bmwnokia)

동묘(東廟)

서울 종로구에 자리한 중국식 사당인 동묘는 중국의 장수인 관우를 모신 사당으로, 흔히 관왕묘(關王廟)라고도 해요. 이처럼 서울 한복판에 관우의 사당이 세워지게 된 건 임진왜란이 끝난 뒤 명나라 황제가 보낸 칙서 때문이었어요. 그 글에는 조선에 지원군으로 갔던 명나라군이 왜군을 물리친 건 관우의 넋이 도와줬기 때문이라면서 사당을 짓고 관우를 모시라고 적혀 있었어요. 광해군 때 명의 요구로 지원군을 보낸 것도 바로 이런 까닭 때문이었지요. (박순석/연합뉴스)

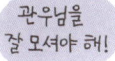

관우님을 잘 모셔야 해!

포충사

강원도 철원에는 포충사라는 사당이 하나 세워져 있어요. 명의 요구에 따라 지원군으로 갔다가 군사 삼천을 거느리고 후금과 끝까지 싸우다 죽은 부장 김응하를 기리는 사당이지요. 광해군은 이곳 말고도 명나라 사신이 지나는 길목 곳곳에 김응하를 기리는 사당을 세우라고 명을 내립니다. 이는 조선군이 명과의 의리를 저버리고 후금한테 부러 항복한 게 아니라, 나름 열심히 싸웠다는 것을 보여 주려는 속셈이 있었던 것이지요. (시몽포토)

누르하치를 만나다

강홍립은 천천히 말에서 내렸다. 김응하를 따라 목숨을 걸고 싸우던 조선 군사들은 그 자리에 선 채 강홍립을 바라보았다. 강홍립 바로 앞에는 하얀 깃발이 펄럭이고 있었다. 그 깃발을 마주하고 말을 탄 후금 장수가 있었고, 그 뒤로 후금군들이 끝없이 이어져 있었다.

쇠돌이와 조선 군사들을 에워쌌던 후금군이 물러선 것은 강홍립이 후금군한테 항복을 하겠다고 알려 왔기 때문이다. 강홍립이 굳은 얼굴로 후금 장수 앞으로 다가갔다. 그러자 후금 장수도 말에서 내렸다.

"우리의 항복을 받아 주시오."

강홍립이 후금 장수를 바라보며 주저없이 내뱉었다.

"어째서 항복을 하려는 건가?"

후금 장수가 눈을 부릅뜨고 강홍립한테 물었다.

"그건 너희 누르하치 황제를 만나 직접 말하겠다."

"흥, 어림없는 소리!"

후금 장수는 가소롭다는 듯 톡 쏘아 댔다.

"만일 우리 조선군이 김응하 장군처럼 끝까지 죽기 살기로 싸운다면 너희로서도 결코 쉽지만은 않을 것이다. 게다가 너희는 우리 조선군보다 훨씬 많은 명나라군과도 싸워야 하지 않느냐?"

그 말에 후금 장수도 움찔했다. 듣고 보니 그도 그럴 만했다. 항복을 하겠다는 조선군과 괜한 싸움을 벌여 힘을 뺄 필요가 없었던 것이다. 아닌 게 아니라 김응하를 비롯한 조선 군사들이 싸우는 모습을 쭉 지켜본 후금 장수는 속으로 적잖은 두려움을 느끼고 있었다. 그런데 또다시 강홍립 같은 장수가 이끄는 더 많은 조선군과 싸운다는 것은 후금으로서도 보통 성가신 일이 아니었다. 마침내 후금 장수가 입을 열었다.

"좋다! 여기서 꼼짝 말고 기다리고 있어라. 누르하치 황제를 만나고 나서 알려 주겠다."

"그렇다면 그전에 너희 군사들한테 에워싸여 있는 우리 군사들을 먼저 돌려보내라!"

"그건 항복을 받아들이고 나서 그리 하마."

"조선군의 원수인 내가 이곳에 이렇게 버젓이 있는데, 굳이 저 많은 군사들을 붙잡아 둬야 할 까닭이 뭐냐? 차라리 그럴 바엔 싸움에 지쳐 있는 너희 군사들을 쉬게 하는 게 훨씬 나을 것이다."

강홍립의 청산유수 같은 말솜씨에 후금 장수는 혀를 내둘렀다.

"자, 조선 군사들의 길을 터 주어라!"
적진 한가운데 갇혀 있던 군사들이 돌아오자 조선군 진영에서는 큰 함성이 울려 퍼졌다. 그제야 강홍립은 한시름을 놓았다. 비록 김응하 장군과 많은 군사들이 목숨을 잃었지만, 그나마 이렇게라도 많은 목숨들을 살린 게 더없이 기뻤다.

또 하나 강홍립이 기뻤던 것은 고향에 어머니를 홀로 두고 온 쇠돌이를 살아서 다시 볼 수 있게 된 것이었다. 돌아오는 군사들 틈에서 쇠돌이가 멀리서 강홍립을 바라보며 고개를 숙였다. 강홍립은 얼굴 가득 웃음을 띠며 눈짓을 보냈다.

이윽고 강홍립은 누르하치를 만날 수 있었다. 황제의 자리에 걸맞게 누르하치가 머무는 곳은 화려하기 그지없었다. 강홍립은 그 어리어리한 모습에 잠깐 주눅이 들기도 했지만, 곧 마음을 다잡고 누르하치 앞에 떳떳이 마주하고 섰다. 누르하치는 그런 강홍립을 곁눈질로 힐끔 바라볼 뿐 시큰둥한 얼굴이었다.

"어서 무릎을 꿇어라!"

옆에 서 있던 후금 장수가 큰 소리로 강홍립을 다그쳤다.

"내 비록 항복을 하러 온 몸이나 조선군의 원수에 걸맞은 예를 갖추어 주기 바라오!"

강홍립은 조금도 흔들림이 없었다. 그제야 누르하치는 너털웃음을 호탕하게 터뜨리며 입을 열었다.

"껄껄껄. 과연 듣던 대로 대장부로다. 어서 오시오, 장군! 내가 대신 사과하리라."

누르하치가 자리에서 일어나 쏜살같이 계단을 내려와 강홍립의 손을 맞잡았다.

"조선군 도원수 강홍립, 황제 폐하께 인사드립니다."

"그래, 우리한테 항복을 하겠다고? 그대들은 오랫동안 명나라를 아비의 나라로 섬겨 오지 않았는가? 그런데 아비를 배신하고 우리한테 항복을 하겠다니, 우리가 어찌 그것을 믿을 수 있겠는가?"

"황제 폐하의 말대로 조선은 명나라를 배신했습니다. 하지만 지금 명나라는 없는 거나 다를 바 없습니다."

"그게 무슨 말인가?"

누르하치가 눈을 동그랗게 뜨고 물었다.

"이제 곧 명나라는 후금한테 무너질 게 틀림없습니다. 그건 하늘도 알고 땅도 다 아는 일입니다. 소신은 오직 앞날을 내다볼 따름입니다."

"허, 조선에 이다지도 훌륭한 장수가 있었다니! 그대 같은 신하를 둔 조선의 임금이 부럽구나. 껄껄껄."

누르하치는 어느새 강홍립의 혀 놀림에 반했다.

"이제 천하는 후금의 것이 아니옵니까?"

강홍립은 누르하치가 기뻐할 마지막 한마디를 더 날렸다.

"하지만 조선 임금은 그대와 생각이 다를 수 있지 않겠는가?"

옆에서 가만히 듣고 있던 후금 장수가 끼어들며 말했다.

"그건 조금도 걱정 마시오. 우리 전하께서는 명나라의 요구에 어쩔 수 없이 지원군을 보내긴 했지만, 섣불리 우리 군사들의 목숨을 잃게 하는 일은 결코 있어서는 안 된다고 신신당부를 하셨소."

"그렇다면 조선 임금도 같은 생각이란 말이군."

그러면서 누르하치가 강홍립의 손을 덥석 잡았다. 그것은 누르하치로서도 바라던 바였다. 하루 빨리 명나라를 무너뜨리고 천하를 통일하고 싶었던 후금으로서도 조선이 영 마음에 걸렸던 것이다. 그런데 조선이 이렇게 먼저 항복을 해 오니 반갑지 않을 수 없었다. 누르하치는 얼굴 가득 웃음을 띠며 다시 입을 열었다.

"내 그대와 조선 임금의 뜻을 기꺼이 받아들이겠소."

"대신 한 가지 조건이 있습니다."

강홍립이 누르하치가 잡고 있는 손을 슬쩍 빼며 딱부러지게 말했다.

"어서 말해 보시오."

"저와 얼마의 군사들이 이곳에 남을 테니, 나머지 군사들은 모두 조선으로 안전하게 돌려보내 주십시오."

누르하치는 강홍립이 그곳에 남겠다는 말만으로도 벌써 모든 것을 다 받아들일 생각이었다.

역사스페셜 박물관

누르하치

1616년 누르하치는 중국 랴오닝 성 신빈현에 있는 허투알라 성에서 스스로 황제의 자리에 올라 나라 이름을 후금이라 했어요. 그는 후금을 세운 지 2년 뒤인 1618년에 몸소 2만의 군사를 거느리고 명나라를 치러 나섭니다. 그 뒤로 잇따라 전투에서 이겨 마침내 1625년에는 후금의 수도를 선양으로 옮기지요. 그러다가 이듬해인 1626년에 또다시 13만의 대군을 거느리고 명을 치러 나섰다가, 명나라 군사와 백성들이 거세게 맞서는 바람에 크게 다쳐 끝내 숨을 거두고 맙니다.

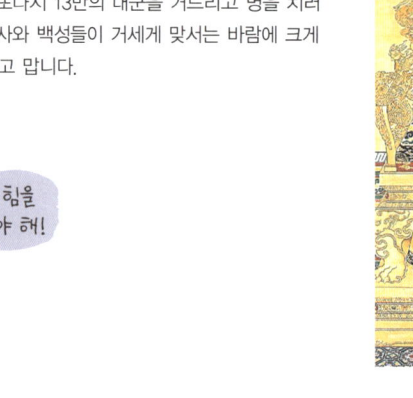

《화기도감의궤》

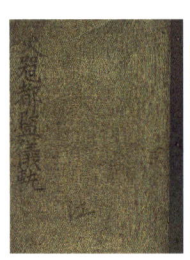
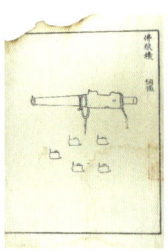

명과 후금 사이에서 중립 외교를 폈던 광해군은 안으로는 화기도감이라는 기관을 새로 만들어 무기 제작에 온 힘을 기울입니다. 화기도감에서 한 일을 기록한 《화기도감의궤(火器都監儀軌)》를 보면 화기도감에서는 조총을 만들던 조총청과 달리 포를 주로 만들었어요. 광해군은 화기도감의 으뜸 자리를 영의정한테 맡길 만큼 화기 제작을 아주 중요한 나랏일로 여겼답니다. (규장각 한국학연구원)

불랑기(佛狼機)

화기도감에서 가장 많이 만들었던 것은 불랑기라는 화포였어요. 불랑기는 포는 그대로 두고 조그만 자포에다 화약을 넣고 포 뒤쪽에 끼워 쏘았어요. 포는 그 자리에서 움직이지 않고 자포만 바꿔 끼워 쏘았기 때문에 여느 화포에 견주어 아주 빨리 쏠 수 있었지요. 광해군이 이처럼 화기도감에서 힘들여 화포를 만들게 한 것은, 후금의 기마병과 싸우게 될 때를 대비한 것이지요. (시몽포토)

오랑캐로 손가락질 받다

'아, 이럴 수가!'

누르하치를 따라 선양에 간 강홍립은 자신의 눈을 믿기 어려웠다. 선양 한가운데에 새로 지은 왕궁은 한눈에 보기에도 어마어마하게 크고 화려하기 그지없었다. 강홍립은 그 왕궁을 바라보면서 새삼 후금의 힘을 뼈저리게 느낄 수 있었다.

'그래, 진작에 항복하길 잘했어.'

강홍립은 다시 한 번 자신의 선택이 옳았다는 것을 깨달았다. 이런 후금을 상대로 끝까지 싸웠더라면 조선의 운명이 어떠했을지 불을 보듯 훤했다. 그런 생각이 들자 어느새 등에서 식은땀이 흘러내렸다.

후금은 명나라와 싸워 크게 이겼다. 싸움에 진 명나라군은 베이징으로 쫓겨 가다시피 했다. 이제 바야흐로 중국은 후금의 세상으로 빠르게 바뀌어 갔다.

누르하치는 약속대로 강홍립이 말한 조건을 다 들어 주었다. 강홍립과 얼마간의 군사들이 선양에 남는 대신 나머지 조선 군사들은 모두 고향으로 다시 돌아갈 수 있었다. 선양에 남은 군사들 가운데는 쇠돌이도 끼어 있었다. 강홍립이 여러 차례 고향으로 돌아갈 것을 재촉했지만, 쇠돌이는 강홍립과 같이 남겠다고 끝내 고집을 꺾지 않았던 것이다.

"이곳에 남아서 끝까지 장군님을 모시고 싶습니다."

"허허, 고향에 홀로 계신 어머니를 생각해야지. 내 걱정은 말고 어서 돌아가거라."

"어머니는 벌써 다른 군사한테 부탁해 뒀습니다. 소인은 나중에 장군님과 꼭 같이 가겠습니다."

"허, 이거야 원……."

그리하여 강홍립은 하는 수 없이 쇠돌이를 데리고 선양으로 갔던 것이다. 강홍립은 스스로 후금에 남기로 했지만, 그건 볼모로 잡혀 있는 거나 다름없었다.

하루는 누르하치가 강홍립을 불렀다. 그동안 누르하치는 강홍립을 깍듯이 대했다. 적의 장수로서가 아니라 마치 벗이나 스승을 대하듯 했던 것이다.

"어서 오시오, 장군. 그래, 이곳에서 지내는 데 어려움은 없으시오?"

"황제 폐하의 따뜻한 보살핌 덕분에 아주 잘 지내고 있습니다. 베풀어 주신 크나큰 은혜를 어찌 다 갚아야 할지 모르겠습니다."

그 말에 누르하치는 야릇한 웃음을 띠며 입을 열었다.

"그렇다면 이제 조선도 나한테 뭔가 좋은 선물을 해야 하지 않겠소?"

"그게 무슨 말씀이신지……."

강홍립은 눈을 동그랗게 뜨고 누르하치를 바라보았다.

"조선은 오랫동안 명나라를 부모의 나라로 섬기며 조공을 바쳐 오지 않았소? 앞으로는 우리 후금한테도 조공을 바치도록 하시오."

강홍립은 그 말에 소스라치게 놀랐다. 아무리 후금이 명나라를 넘볼 만큼 힘이 세졌다지만, 오랑캐 나라로 여기는 후금한테까지 조공을 바친다는 건 생각조차 못한 일이었던 것이다.

"그건 소신이 마음대로 할 수 있는 일이 아닌 듯합니다."

"내 그동안 여러 차례 조선 조정에 조공을 바치라고 했건만 여태껏 아무런 대답이 없소. 나도 더는 참을 수 없소."

누르하치는 굳게 마음먹은 듯 내뱉었다.

"황제 폐하, 부디 조금만 더 기다려 주십시오."

"글쎄, 얼마나 더 기다리란 말이오?"

"폐하, 지금 조선 조정은 대신들이 크게 두 갈래로 나뉘어 옥신각신하고 있습니다. 이때 무리하게 후금에서 조공을 밀어붙이면 명나라를 받드는 대신들한테 또 다른 빌미를 줄 뿐입니다."

강홍립은 끈기 있게 누르하치를 어르고 달랬다. 하지만 누르하치는 아랑곳없이 뇌까렸다.

"그건 내 알 바 아니니 아무튼 알아서 하시오!"

그 자리를 물러 나온 강홍립은 자신의 숙소로 돌아오자마자 광해군 앞으로 긴 편지를 썼다. 편지에는 후금의 달라진 모습과 누르하치가 조선 조정에 바라는 바를 꼼꼼히 적었다. 그러면서 만일을 대비하여 후금에 맞설 힘을 키울 것을 단단히 일렀다.

이윽고 편지를 다 쓴 강홍립은 쇠돌이를 몰래 불러 그 편지를 건네주며 작은 목소리로 말했다.

"이것을 한시바삐 조선 조정에 전하여라."

"장군님, 소인은 장군님과 이곳에 남아 있기로 다짐했으니, 제발 다른 사람을 보내 주십시오."

쇠돌이가 또다시 고집을 피웠다.

"그렇게 내 말을 못 알아듣겠느냐? 이 서찰에 조선의 운명이 걸려 있기에 내 너를 믿고 맡기는 것이다."

"하지만……."

쇠돌이가 머뭇거리자 강홍립이 다시 한 번 힘주어 말했다.

"이러고 있을 때가 아니다. 서둘러 조선으로 달려가서 교동 김 대감한테 이 서찰을 전하여라. 그러고는 전하께서 꼭 보시게 해야 하느니라. 알겠느냐?"

그제야 쇠돌이가 편지를 받아들며 대답했다.

"네, 알겠습니다. 소인 이 서찰을 전하고 곧장 돌아오겠습니다."

"아니, 그럴 필요 없다. 이 서찰을 전하는 대로 너는 고향에 계신 네 어머니한테로 돌아가거라."

"그, 그럴 수는 없습니다."

"내 말대로 하여라. 그것이 내 마음을 편하게 하는 길이다. 서찰 잘 전하고 어머니한테 가서 그동안 못 다한 효도를 마음껏 해 드려라."

그 말에 쇠돌이도 더는 고집을 피우지 못했다.

"장군님, 그럼 조선에서 꼭 다시 뵐 수 있기를 바랍니다."

마침내 쇠돌이는 눈물을 흘리며 강홍립한테 큰절을 올리고 그 자리를 물러났다. 그러고는 곧 먼 길을 떠났다.

쇠돌이가 조선으로 돌아간 지 몇 달이 지난 어느 날이었다. 누르하치가 갑자기 강홍립의 숙소를 찾아 버럭 화를 냈다. 아직도 조선이 조공을 보내라는 후금의 요구에 아무 대답이 없다는 것이었다.

강홍립은 겨우 누르하치를 달래어 자리에 앉힌 뒤 차분하게 말했다.

"폐하, 조선과 앞으로 오랫동안 좋은 관계를 맺으려면 이처럼 조바심을 내서는 아니 됩니다."

"그건 또 무슨 말이오?"

"그러니까 조선의 신하들 가운데는 아직도 명나라를 따르는 무리들이 무척 많습니다."

"그렇다면 그들을 곧장 쓸어버리면 될 일이 아니오?"

누르하치가 눈을 부릅뜨며 내뱉었다.

"그렇게 되면 나라가 걷잡을 수 없이 어지러워질 것입니다. 그건 후금한테도 결코 도움이 안 됩니다. 시간을 두고 조금씩 그들을 구슬려 간다면 머지않아 그들도 황제 폐하의 은혜에 고개를 숙일 것입니다. 그러니 조금만 더 기다려 주십시오."

"흐음……. 대신 이참에 강 장군이 직접 조선에 가서 그대의 임금한테 내 뜻을 전하시오. 나도 곧 뒤따라가리라."

그 말에 강홍립은 깜짝 놀랐다. 살아서 다시 조선에 돌아갈 수 있다고 생각하니 그저 꿈만 같았다. 하지만 그것도 잠깐, 그사이 광해군이 왕의 자리에서 쫓겨나 능양군인 인조가 왕의 자리에 올라 있었다. 게다가 조정 대신들이 자기를 어찌 받아들일지 걱정이 앞섰다. 강홍립의 마음은 어느새 다시 무거워졌다.

"전하, 강홍립이 저지른 죄를 그냥 넘어가서는 결코 안 됩니다."

조선 조정은 강홍립이 돌아온다는 소식에 발칵 뒤집혔다. 오랑캐 나라인 후금한테 항복한 강홍립을 크게 벌주어야 한다는 소리가 대신들 사이에서 봇물 터지듯 쏟아져 나왔다. 그러자 인조가 슬쩍 입을 떼며 신하들의 눈치를 살폈다.

"하지만 그는 수많은 군사들의 목숨을 구했을 뿐만 아니라 그동안 후금의 낌새를 낱낱이 알려온 충신이 아니오?"

"명나라와의 의리를 저버리고 오랑캐 나라인 후금한테 무릎을 꿇은 것은 장수로서 결코 용서받지 못할 짓입니다, 전하."

광해군과 달리 인조 또한 신하들과 비슷한 생각이었다. 이래저래 강홍립의 앞날엔 먹구름만 잔뜩 드리우고 있었다.

그 무렵 강홍립은 막 한양으로 들어서고 있었다. 강홍립이 온다는 소문에 길거리에는 그를 보러 나온 백성들이 삼삼오오 모여들었다. 강홍립은 누르하치가 준 말을 타고 있었다. 그 뒤로는 누르하치가 조선 임금한테 보내는 선물을 가득 실은 수레가 따르고 있었다. 강홍립의 행렬이 나타나자 여기저기서 백성들이 소리를 질러 댔다.

"오랑캐한테 무릎 꿇은 강홍립은 물러가라!"
"후금의 앞잡이 강홍립은 썩 꺼져라!"
"오랑캐 강홍립은 오라를 받아라!"

하지만 강홍립은 말에 탄 채 그저 앞만 바라보며 지나갈 뿐이었다. 그때 갑자기 어디선가 강홍립한테 돌이 날아들었다.

그러자 누군가가 잽싸게 강홍립을 막아서며 소리쳤다.
"장군님은 결코 오랑캐가 아니오. 만일 장군님이 아니었다면 우리 군사들은 모두 목숨을 잃었을 것이오. 제발 이러지 마시오."
온몸으로 강홍립을 막아서서 큰 소리로 외친 사람은 다름 아닌 쇠돌이였다. 하지만 그마저도 아무 소용이 없었다.

쇠돌이가 그토록 애쓴 보람도 없이 잔뜩 북받쳐 오른 백성들의 마음을 억누르기는 어려웠다. 강홍립은 가슴속으로 피눈물을 삼키며 눈을 질끈 감았다.

'전하! 소신을 놔두고 홀로 어디로 가셨나이까?'

그가 전하라고 목 놓아 울부짖으며 찾은 이는 두말할 나위 없이 광해군이었다. 어느새 강홍립의 눈가에는 이슬이 맺혔다.

역사스페셜 박물관

전하, 저랑 같이 가요!

인조반정(仁祖反正)
1623년(광해군 15년) 서인(西人) 세력이 광해군을 몰아내고 인조를 왕의 자리에 앉힌 사건을 일러 인조반정이라고 해요. 서인 세력은 광해군이 밖으로는 오랑캐 나라인 후금에 항복을 하고, 안으로는 아우인 영창대군을 죽이고 어머니인 인목대비를 자리에서 쫓아냈다는 구실을 내세워 반정을 일으켰답니다. 위는 쫓겨난 인목대비가 갇혀 지냈던 경운궁 석어당(昔御堂)입니다.(시몽포토)

광해군의 귀양살이
궁에서 쫓겨난 광해군은 숨을 거둘 때까지 제주도에서 귀양살이를 해요. 광해군은 가시 울타리로 둘러쳐진 허름한 집 안에서 열아홉 해 동안 홀로 갇혀 지내다가 예순일곱의 나이로 눈을 감습니다. 위는 제주민속촌박물관 안에 광해군의 귀양살이를 엿볼 수 있게 복원해 놓은 모습.(시몽포토)

광해군의 무덤
왼쪽 초라한 무덤에는 조선 15대 임금인 광해군이 잠들어 있어요. 이처럼 광해군의 무덤은 아무도 관심을 갖지 않는 산기슭에 초라한 모습으로 남아 있어요. 그의 무덤은 오늘날까지도 임금의 무덤인 능(陵)이 아니라 왕자 때의 이름을 붙여 '광해군 묘'로 남아 있어요. 경기도 남양주시 진전읍.(시몽포토)

강홍립의 무덤
왼쪽은 서울시 관악구 신림동에 있는 강홍립의 무덤이에요. 후금에 항복한 강홍립은 그 뒤 아홉 해 동안 후금에 머물다가 조선으로 다시 돌아옵니다. 하지만 그는 조선으로 돌아오자마자 명나라와의 의리를 저버리고 오랑캐 나라인 후금에 항복했다 하여 역신으로 몰려 벼슬을 잃고 쫓겨나 쓸쓸한 죽음을 맞이합니다.(시몽포토)

조상을 자랑스럽게 여기다

"앗, 큰일 났다!"

주하는 허겁지겁 그곳을 빠져나왔다. 제각 대청마루 위에는 벌써 제물을 차곡차곡 쌓아올린 제사상이 차려졌다. 제사상 앞에는 두루마기를 입은 가문의 어른들이 쭉 서 있었다. 그 뒤로 마루와 마당에도 사람들이 줄지어 나란히 서 있었다.

"재배!"

제사를 맡은 제관의 지시에 따라 사람들이 한꺼번에 두 번씩 절을 올렸다. 주하는 절을 올리면서 가슴이 뿌듯해 오는 걸 느낄 수 있었다. 주하가 살금살금 사람들 틈을 비집고 아빠 옆으로 다가갔다.

"아니, 너 어디 갔다 이제 온 거야? 여기까지 와서 아빠 속을 썩일 참이야?"

아빠한테 야단을 맞으면서도 주하는 실실 웃기만 했다. 그러자 아빠가 눈을 크게 뜨고 낮은 목소리로 말했다.

"웃음이 나와, 이 녀석아! 다들 얼마나 걱정했는데."

"헤헤. 아빠는 우리 조상님 가운데 강홍립이라는 분 알아요?"

"강홍립? 글쎄, 들어 본 거 같기도 하고……."

"쯧쯧. 그러니까 아빠도 아직 멀었다고요. 강홍립 장군도 제대로 모르면서 어떻게 우리 가문을 자랑스럽게 여길 수 있겠어요?"

아빠가 무슨 말이냐는 듯 주하를 바라보았다. 그때 누군가 점잖게 타이르는 목소리가 들렸다.

"에헴, 거기 제사 중에 누가 떠드는고?"

그 소리에 아빠가 "쉿!" 하며 손가락을 입에 갖다 댔다. 주하는 눈을 찡긋하며 얼른 고개를 푹 숙였다.

"자, 이것으로 오늘 제사는 마칩니다."

드디어 제사가 끝나고 음식을 나눠 먹는 차례가 됐다. 아빠는 제사 음식을 먹으며 좀 전에 일이 떠올라 주하한테 말을 건넸다.

"그래, 강홍립이 어떤 분인지 자세히 좀 말해 보렴."

그러자 주하는 신이 난 듯 자기가 만난 강홍립 장군이 어떤 분이었는지 침을 튀겨 가며 이야기를 늘어놓았다.

"허허, 참으로 대견하구나! 네가 어찌 그분을 그리도 잘 안단 말이냐?"

옆에서 가만히 듣고 있던 집안 어른 한 분이 놀란 얼굴로 말했다.

"조상을 제대로 알아야 가문을 자랑스럽게 여기지요. 헤헤."

주하가 어깨를 으쓱하며 웃었다. 아빠가 그런 주하의 머리를 쓱 쓰다듬어 주었다. 주하 머리 위로 강홍립 장군을 꼭 닮은 구름이 싱긋 웃는 듯했다.

광해군은 왜 쫓겨났을까?

광해군은 임진왜란으로 무너질 대로 무너진 조선을 다시 일으켜 세우려고 밤낮없이 안간힘을 씁니다. 밖으로는 조선 땅에서 전쟁이 일어나는 것을 막으려고 명나라와 후금 사이에서 숨 가쁘게 줄타기 외교를 하고, 안으로는 대동법 같은 개혁 정치를 꿋꿋이 펼쳐 나갑니다.

광해군 때를 기록한 《광해군 일기》 완성본을 보면, 광해군을 드러내 놓고 폭군으로 그리고 있어요. 그렇다면 왜 이처럼 광해군을 폭군으로 그렸을까요? 그것은 광해군이 궁에서 쫓겨난 뒤 왕의 자리에 오른 인조와 그를 따르는 무리들이 나중에 《인조 실록》에 자세히 밝혀 놓았어요. 이 책에는 광해군이 저지른 죄를 크게 세 가지로 간추렸어요.

첫째는 "배은망덕하여 오랑캐한테 호의를 베풀었다."고 나와 있어요. 이 말뜻은 광해군이 명나라와의 의리를 저버리고 후금과 가까이 하려 했다는 것이었어요. 그러니까 제대로 싸워 보지도 않고 후금에 항복한 일을 두고 하는 말이지요.

둘째는 "민가 수천을 철거하고 궁궐을 지었다."고 나와 있어요. 이것은 광해군이 임진왜란으로 잿더미가 된 창덕궁과 창경궁을 고쳐 짓고, 경희궁과 지금은 사라진 인경궁을 새로 지은 일을 두고 한 말이에요. 새로 궁궐을 하나 지으려면 민가를 헐어야 할 뿐만 아니라 수많은 백성들을 끌어다가 일을 시켜야 했으니까요.

셋째는 "아우를 죽이고 어머니를 폐했다."고 나와요. 이는 명(明)을 받드는 무리들이 일으킨 역모 사건을 빌미로 배다른 아우인 영창대군을 죽이고, 그의 친어머니인 인목대비를 자리에서 쫓아낸 일을 말해요. 광해군의 친어머니는 선조의 후궁인 공빈 김씨였어요.

　하지만 위에 든 세 가지 구실만으로 광해군을 쫓아냈다는 건 쉽게 받아들이기가 어려워요. 먼저 광해군이 후금에 항복한 것은 임진왜란이 끝난 지 얼마 안 돼 또다시 조선 땅에서 전쟁이 일어나는 것을 막으려는 부득이한 선택이었어요. 게다가 광해군은 화기도감에서 불랑기라는 화포를 만들어 후금과의 싸움을 대비하기까지 했지요. 다음으로 궁궐을 새로 지은 것은, 전쟁으로 잿더미가 된 나머지 궁궐도 없이 왕의 자리에 오른 광해군이 왕의 힘을 굳게 다지고자 한 뜻이 있었던 것이지요. 끝으로 아우를 죽이고 인목대비를 쫓아냈다는 구실도 억지에 지나지 않아요. 왜냐하면 태종 때나 세조 때도 비슷한 일이 있었고, 더욱이 인조 때는 아들 소현세자와 강빈 그리고 손자들까지 모두 죽였지만 왕의 자리에 그대로 있었거든요.

　따라서 광해군을 왕의 자리에서 쫓아내려고 인조반정을 일으킨 속셈은 다른 데 있었어요. 이를테면 광해군과 그를 따르는 젊은 개혁 세력이 대동법 같은 개혁 정치를 펼치자 크게 위기를 느낀 것이지요. 가난한 백성들한테는 세금으로 거둬들이는 공물(貢物)을 안 받는 대신, 땅을 많이 가진 양반 관료들한테 더 많은 공물을 거둬들이는 것이 대동법이었지요. 광해군을 쫓아내고 왕의 자리에 오른 인조는 곧바로 대동법을 없애 버려요. 이처럼 광해군은 가진 자들이 자기 것을 안 뺏기려고 거세게 들고 일어나는 바람에 끝내 쫓겨나고 말았던 것이지요.

역사 스페셜 작가들이 쓴 이야기 한국사 40
전쟁을 막고 조선을 지킨 광해군과 강홍립

글 윤영수 | 그림 김은희

초판 1쇄 펴낸날 2010년 3월 15일 | **초판 8쇄 펴낸날** 2020년 4월 3일
펴낸이 조은희 | **편집장** 한해숙 | **기획·편집** 네사람
디자인책임 하늘·민 | **디자인** 최성수, 이이환 | **사진진행** 시몽포토에이전시
마케팅 박영준 | **온라인 마케팅** 정보영 | **경영지원** 김효순 | **제작** 정영조, 강명주
펴낸곳 ㈜한솔수북 | **출판 등록** 제 2013-000276호 | **주소** 03996 서울시 마포구 월드컵로 96 영훈빌딩 5층
전화 02-2001-5823(편집), 02-2001-5828(영업) | **전송** 02-2060-0108
전자우편 isoobook@eduhansol.co.kr | **인스타그램** soobook2 | **페이스북** soobook2
ISBN 979-11-7028-563-2 73910 | **ISBN** 979-11-7028-461-1(세트)

어린이제품안전특별법에 의한 제품 표시
품명 아동 도서 | **사용연령** 만 8세 이상 어린이 제품 | **제조국** 대한민국 | **제조자명** ㈜한솔수북 | **제조년월** 2020년 4월

ⓒ 2010 윤영수·네사람·㈜한솔수북
※ 저작권법으로 보호받는 저작물이므로 저작권자의 서면 동의 없이 다른 곳에 옮겨 싣거나 베껴 쓸 수 없으며 전산장치에 저장할 수 없습니다.
※ 값은 뒤표지에 있습니다.

한솔수북의 모든 책은 아이의 눈, 엄마의 마음으로 만듭니다.